BEI GRIN MACHT SICH IHR WISSEN BEZAHLT

AF141777

- Wir veröffentlichen Ihre Hausarbeit,
  Bachelor- und Masterarbeit

- Ihr eigenes eBook und Buch -
  weltweit in allen wichtigen Shops

- Verdienen Sie an jedem Verkauf

Jetzt bei www.GRIN.com hochladen
und kostenlos publizieren

Benjamin Wilms

Virtualisierung von Arbeitsplätzen. Grundlagen, Chancen und Anforderungen

GRIN Verlag

Bibliografische Information der Deutschen Nationalbibliothek:

Die Deutsche Bibliothek verzeichnet diese Publikation in der Deutschen National-
bibliografie; detaillierte bibliografische Daten sind im Internet über http://dnb.d-
nb.de/ abrufbar.

Impressum:

Copyright © 2013 GRIN Verlag GmbH
Druck und Bindung: Books on Demand GmbH, Norderstedt Germany
ISBN: 978-3-656-83905-7

Dieses Buch bei GRIN:

http://www.grin.com/de/e-book/283978/virtualisierung-von-arbeitsplaetzen-
grundlagen-chancen-und-anforderungen

GRIN - Your knowledge has value

Der GRIN Verlag publiziert seit 1998 wissenschaftliche Arbeiten von Studenten, Hochschullehrern und anderen Akademikern als eBook und gedrucktes Buch. Die Verlagswebsite www.grin.com ist die ideale Plattform zur Veröffentlichung von Hausarbeiten, Abschlussarbeiten, wissenschaftlichen Aufsätzen, Dissertationen und Fachbüchern.

Besuchen Sie uns im Internet:

http://www.grin.com/

http://www.facebook.com/grincom

http://www.twitter.com/grin_com

Seminar

für Wirtschaftsinformatik

und Systementwicklung

Hauptseminar Wirtschaftsinformatik
im Wintersemester 2012/2013

Virtualisierung von Arbeitsplätzen

vorgelegt von:
Benjamin David Wilms

Inhaltsverzeichnis

Abkürzungsverzeichnis

VM   Virtuelle Maschine

Abbildungsverzeichnis

1. Einleitung

1.1 Problemstellung

Die Virtualisierung von Arbeitsplätzen ist aktuell eins der wichtigsten Themen im IT-Bereich.[1] Bei Umfragen der Society for Information Management zählt es seit 2010 zu den zehn wichtigsten Entwicklungen im IT-Bereich. Zusätzliche Bedeutung gewinnt es durch den direkten Einfluss auf den Erfolg eines Unternehmens bei weiteren aktuellen Trends, wie Cloud-Computing und Green IT, bei welchen die Virtualisierung zum Einsatz kommt und durch die sich Möglichkeiten zur Reduzierung von Kosten ergeben.[2]
Durch die Virtualisierung von Arbeitsplätzen sollen Unternehmen unter anderem Kosten sparen und können gleichzeitig flexibler in verschiedenen Szenarien sein.[3] Beispielsweise kann Mitarbeitern, die regelmäßig an verschiedenen Arbeitsplätzen oder Endgeräten arbeiten, immer die gewohnte Arbeitsumgebung bereitgestellt werden.[4]
Dennoch nutzt derzeit nur ein geringer Anteil der Unternehmen die Möglichkeit der Virtualisierung,[5] obwohl bereits Popek und Goldberg 1974 das Konzept der Virtualisierung und dessen Anforderungen beschreiben.[6] Da die meisten Unternehmen Virtualisierung erst seit weniger als fünf Jahren nutzen, handelt es sich für die Unternehmen um eine relativ neue Technologie, die diese vor eine Reihe von Herausforderungen stellt.[7]
Für die Unternehmen ist es wichtig, sich diesen Herausforderungen bewusst zu sein und diese zu überwinden, da nur so die unter anderem oben genannten Vorteile der Virtualisierung erreicht werden können. Den meisten Unternehmen mangelt es jedoch an Wissen bezüglich Chancen und Herausforderungen der Virtualisierung.[8]
Die in der Forschung existierenden Artikel, die sich mit Aspekten der Virtualisierung auseinandersetzen, behandeln hauptsächlich die Virtualisierung von Servern oder

---

[1] Vgl. zu diesem und dem folgenden Satz Luftman (2011), S. 8.

[2] Vgl. Park, Eo, Lee (2012), S. 131 – 136, Bose, Luo (2011), S.43, Hayes (2008), S.9 sowie Armbrust u.a. (2010), S. 58.

[3] Vgl. Kroeker (2009), S. 18 und Kotsovinos (2011), S. 65.

[4] Vgl. Kroeker (2009), S. 19.

[5] Vgl. Computer Economics Report (2010), S. 6.

[6] Vgl. Popek, Goldberg (1974) sowie Goldberg (1974).

[7] Vgl. Kotsovinos (2011), S. 62.

[8] Vgl. Kroeker (2009), S. 18 sowie Kotsovinos (2011), S. 62.

Hardware. Diese Arbeit beschäftigt sich hingegen mit der Virtualisierung von Arbeits-plätzen. Eine Übersicht über Herausforderungen und Chancen der Arbeitsplatzvirtuali-sierung lässt sich in der Forschung bisher nicht finden, eine Aufstellung dieser ist daher sinnvoll.

1.2 Zielsetzung

Da die meisten Unternehmen nur ein geringes Know-How bezüglich der Virtualisierung sowie deren Chancen und Herausforderungen besitzen,[9] sollen im Rahmen dieser Arbeit die Chancen und Herausforderungen der Virtualisierung von Arbeitsplätzen dargestellt werden. Betrachtet wird dabei nur die Arbeitsplatzvirtualisierung, Chancen und Heraus-forderungen von anderen Bereichen der Virtualisierung werden nicht betrachtet.

1.3 Vorgehensweise

Diese Arbeit basiert auf einer umfassenden Literatursuche über EBSCO, sowie Google Scholar. Die wichtigsten Suchbegriffe waren dabei „Virtualization", „Desktop Virtuali-zation", „Virtual Desktop Infrastructure" und „System Virtualization". Es wurden au-ßerdem Synonyme und alternative Schreibweisen der Suchbegriffe verwendet.

Eine erste Selektion der Suchergebnisse erfolgte bereits anhand des Titels und nicht-wissenschaftlicher Quellen, wie Computerzeitschriften. Die verbleibende Literatur wur-de anhand der Abstracts und Conclusions weiter gefiltert. Da die Anzahl der verblei-benden Literatur gering war, wurde anschließend ausgehend von ausgewählter relevan-ter Literatur eine Rückwärtssuche gemacht, über die weitere Literatur gefunden werden konnte.

Nach einer Filterung bezüglich Abstract und Conclusion konnte die Anzahl der Litera-turquellen von 56 auf die relevantesten 19, in dieser Arbeit verwendeten, Quellen redu-ziert werden.

1.4 Aufbau der Arbeit

Zunächst werden die Grundlagen der Virtualisierung erläutert. Nach einer allgemeinen Erläuterung, bei der verschiedene Möglichkeiten der Virtualisierung genannt werden, wird detaillierter auf die Virtualisierung von Arbeitsplätzen eingegangen. Anschließend

---

[9] Vgl. Kroeker (2009), S. 18 sowie Kotsovinos (2011), S. 62.

wird die historische Entwicklung von Arbeitsplätzen, sowie die aktuelle Anwendung von Arbeitsplatzvirtualisierung in der Praxis dargestellt.

Im Hauptteil der Arbeit werden ausführlich die verschiedenen Chancen und Herausforderungen, die sich durch Anwendung von Arbeitsplatzvirtualisierung ergeben, erläutert.

Abschließend werden die Ergebnisse dieser Arbeit in einem Fazit zusammengefasst. Außerdem wird ein Ausblick auf die weitere Entwicklung der Virtualisierung von Arbeitsplätzen gegeben und weiterer Forschungsbedarf genannt.

2. Grundlagen der Virtualisierung

2.1 Funktionsweise und Arten von Virtualisierung

Ein klassisches Computersystem ist in verschiedene Ebenen unterteilt, die über definierte Schnittstellen mit den jeweils angrenzenden Ebenen kommunizieren. Diese Art der Trennung wird auch als Abstraktion bezeichnet.[10] Abbildung 1-1 a) verdeutlicht dies an einem Beispiel. Das Betriebssystem abstrahiert die Adressierung von Sektoren auf der Festplatte, so dass Anwendungen ohne Wissen bezüglich der physischen Organisation einer Festplatte Dateien schreiben und lesen können. Eine Einschränkung bei der Abstraktion ist, dass Komponenten, die für eine spezifische Schnittstelle erstellt wurden in der Regel nicht mit anderen kompatibel sind.

Virtualisierung hingegen vermeidet diese Einschränkung indem die Schnittstellen der jeweiligen Ebene auf Schnittstellen des Systems oder der Komponente abgebildet werden.[11] In Abbildung 1-1 b) wird eine Festplatte in zwei virtuelle Festplatten unterteilt, die von den Anwendungen mit denselben Schnittstellen wie die Festplatte in Abbildung 1-1 a) genutzt werden können.

---

[10] Vgl. zu diesem Absatz Smith, Ravi (2005), S. 32-33.

[11] Vgl. Smith, Ravi (2005), S. 32.

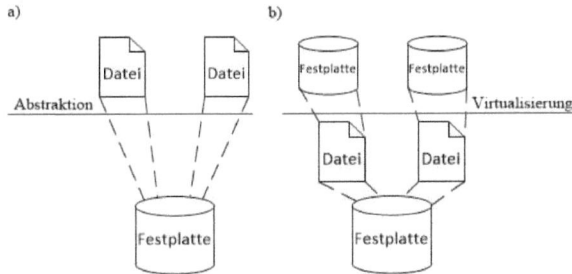

Abb. 2-1: Abstraktion und Virtualisierung[12]

Es können sowohl Computersysteme, als auch einzelne Hardware-Komponenten, wie Netzwerke, Festplatten oder Eingabegeräte, virtualisiert werden.[13] Die Virtualisierung von Hardware gibt verschiedenen Betriebssystemen die Möglichkeit, die gegebene Hardware gemeinsam zu nutzen, indem beispielsweise, wie beschrieben, mehrere Festplatten virtualisiert werden.[14]

Bei der Virtualisierung von Software kann zwischen der Virtualisierung einzelner Prozesse oder Anwendungen und der Virtualisierung des kompletten Systems unterschieden werden.[15] Die Virtualisierung erfolgt über eine zusätzliche Softwareebene, die die gewünschte Architektur des zu virtualisierenden Computersystems unterstützt. Diese wird virtuelle Maschine (VM) genannt.

Bei der Virtualisierung eines Prozesses oder einer Anwendung existiert die VM lediglich während der Laufzeit eines Prozesses.[16] Im Gegensatz hierzu bietet die Virtualisierung eines Systems eine Umgebung in der das Betriebssystem mit verschiedenen Anwendungen und Prozessen ausgeführt werden kann.[17] Die virtuellen Maschinen werden von einem Virtual Machine Monitor oder Hypervisor gesteuert, dessen primäre Aufgabe es ist, die gegebene Hardware auf verschiedene VMs zu verteilen.[18]

---

[12] Vgl. Smith, Ravi (2005), S. 33.

[13] Vgl. Smith, Ravi (2005), S. 32.

[14] Vgl. Miller, Pegah (2007), S. 256.

[15] Vgl. zu diesem Absatz Smith, Ravi (2005), S. 33.

[16] Vgl. Smith, Ravi (2005), S. 34.

[17] Vgl. Smith, Ravi (2005), S. 35-36 sowie Miller, Pegah (2007), S. 256.

[18] Vgl. Smith, Ravi (2005), S. 36.

Virtualisierte Systeme können unterteilt werden in klassische und gehostete VMs.[19] Klassische VMs setzen direkt auf der Hardware auf während gehostete VMs auf einem existierenden Betriebssystem installiert werden. Abbildung 2-2 stellt dies mit mehreren VMs auf einem System dar. Bezüglich der Verwendung der VM kann zusätzlich unterschieden werden, ob es sich bei dem virtualisierten System um einen Server oder einen Client handelt.

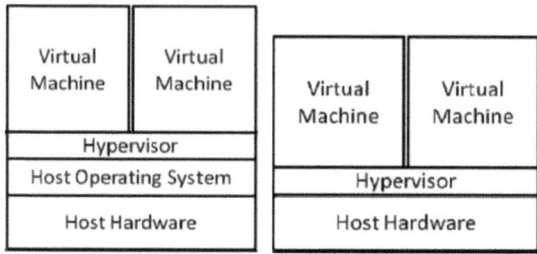

Abb. 2-2: Vergleich gehostete VM (links) und klassische VM (rechts)[20]

Ein mögliches Anwendungsszenario für gehostete VMs ist die Bereitstellung von verschiedenen Betriebssystemen auf einem Computer mit denen Softwareentwicklern unterschiedliche Umgebungen zur Verfügung gestellt werden, in denen die entwickelte Software getestet werden kann. Klassische VMs können zur Virtualisierung von Arbeitsplätzen genutzt werden, welche im nächsten Kapitel ausführlicher behandelt wird.

2.2 Arbeitsplatzvirtualisierung

Da es bisher nur wenig Literatur zur Virtualisierung von Arbeitsplätzen gibt, kann keine einheitliche Definition gefunden werden.

Die Virtualisierung von Arbeitsplätzen ist eine Möglichkeit, Anwendungen von der physischen Hardware zu trennen indem das Betriebssystem mit allen Anwendungen in einer VM auf dem Client oder auf einem Server ausgeführt wird.[21] Der Zugriff des Anwenders kann sowohl vom Arbeitsplatz, als auch von anderen Orten ermöglicht werden,

---

[19] Vgl. zu diesem und dem folgenden Satz Smith, Ravi (2005), S. 36.

[20] Vgl. Lunsford (2009), S. 341.

[21] Vgl. Computer Economics Report (2010), S. 2.

hierfür ist lediglich eine Netzwerk- oder Internetverbindung erforderlich.[22]. Statt einer einzelnen Komponente oder Anwendung wird der komplette Desktop auf zentralen Servern, in der Regel in einem Rechenzentrum, virtualisiert.[23] Die Anzahl der Arbeitsplätze, die auf einem Server virtualisiert werden können hängt dabei direkt von der Arbeitslast ab, die ein Anwender benötigt.[24]

Dies wird als Virtual Desktop Infrastructure (VDI) bezeichnet (siehe Abbildung 2-3).[25] Dabei werden alle Daten und Konfigurationen auf einem Server gespeichert und bei Bedarf in eine generische VM geladen, die entweder vom Server auf den Computer des Anwenders gestreamt oder auf diesen geladen und lokal ausgeführt wird. Bei einer lokalen Ausführung kann der Anwender die VM auch dann nutzen, wenn er nicht mit dem Netzwerk des Unternehmens verbunden ist. Bei der nächsten Verbindung mit dem Netzwerk erfolgt eine Synchronisation mit dem Server.

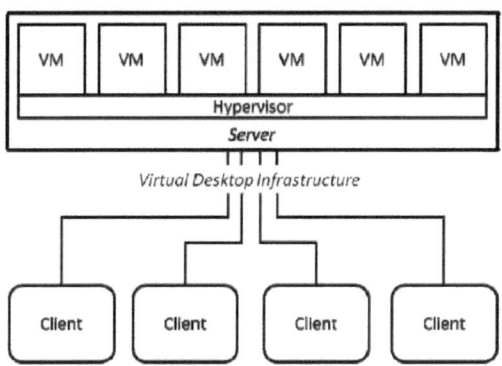

Abb. 2-3: Virtual Desktop Infrastructure[26]

[22] Vgl. Computer Economics Report (2010), S. 3.

[23] Vgl. Miller, Pegah (2007), S. 256.

[24] Vgl. Miller, Pegah (2007), S. 259.

[25] Vgl. zu diesem Absatz Computer Economics Report (2010), S. 5.

[26] Vgl. Lunsford (2009), S. 344.

2.3 Entwicklung von Arbeitsplätzen

Bei klassischen Terminal-Servern, welche zu Beginn des Einsatzes von Computersystemen in Unternehmen üblich waren, nutzen viele Anwender über Terminals eine Instanz einer Software, die zentral auf einem Server installiert ist und der die Rechenoperationen übernimmt.[27]

Mit der Entwicklung des Personal Computers in den 80er Jahren und dessen Einsatz in Unternehmen wurden Anwendungen und Daten auf diese verlagert, so dass die Mitarbeiter die Arbeitsumgebung den jeweiligen Bedürfnisse anpassen konnten.[28] Da in vielen Fällen jedoch die Zusammenarbeit von Anwendern notwendig ist, wurde das Client-Server Modell eingeführt. Bei diesem bietet der Server eine zentrale Datenablage während die Mitarbeiter an lokalen Clients arbeiten.

Aktuelle Trends sind die Verlagerung von Daten und Anwendungen in Rechenzentren, die jederzeit über das Internet erreicht werden können, das Cloud Computing,[29] sowie die Virtualisierung von Arbeitsplätzen und Servern.[30] Obwohl dieses Modell bereits seit etwa 50 Jahren existiert, ist es erst durch die Verfügbarkeit von Lösungen für die x86-Architektur, auf die die meisten heutigen Computersysteme aufbauen, populär geworden.[31]

Bei der Betrachtung von Virtualisierung lassen sich angewandte Konzepte der genannten Modelle erkennen. Ähnlich zu Terminal-Servern kann der Zugriff auf die VM von unterschiedlichen Computern geschehen. Durch die Virtualisierung konnten jedoch einige Nachteile überwunden werden.[32] Da im Gegensatz zu Terminal-Servern jedem Mitarbeiter eine eigene VM zur Verfügung steht, kann so beispielsweise für einzelne Mitarbeiter zusätzliche Software installiert werden und auf die Arbeitsplätze auch außerhalb des Büros zugegriffen werden, etwa wenn der Mitarbeiter im Außendienst oder von zu Hause aus arbeitet. Auch das Client-Server Modell findet weiter Anwendung, jedoch erfolgt die Unterteilung nicht mehr bezüglich physischer Hardware, sondern lediglich anhand der Funktion der jeweiligen VM.

---

[27] Vgl. Computer Economics Report (2010), S. 4 sowie Hayes (2008), S.9.

[28] Vgl. zu diesem Absatz Hayes (2008), S.9-10.

[29] Vgl. Hayes (2008), S.9-10.

[30] Vgl. Luftman (2011), S. 8.

[31] Vgl. Popek, Goldberg (1974) S. 412 – 421 sowie Kotsovinos (2011), S. 62.

[32] Vgl. zu diesem und dem folgenden Satz Computer Economics Report (2010), S. 3.

2.4 Anwendung der Virtualisierung von Arbeitsplätzen in der Praxis

Virtualisierung ist ein aktueller Trend in der Konfiguration von Computersystemen und ist nach dem Marktforschungsunternehmen Gartner eine der wichtigsten Technologien im Bereich der IT-Infrastruktur.[33]

Eine Umfrage der Computer Economics unter 200 IT Unternehmen ergab, dass die Anzahl der Unternehmen, die ihre Arbeitsplätze bereits virtualisiert haben, zwar gering, aber zunehmend ist.[34] So setzten 2010 nur 15% der befragten Unternehmen Virtualisierung ein, etwa ein weiteres Drittel der Unternehmen tätigten Investitionen in diesem Bereich. Dabei kann festgestellt werden, dass diese Anteile bei größeren Unternehmen höher sind als bei kleineren und bei vielen der Unternehmen bereits Pilotprojekte existieren. Vor allem Unternehmen, bei denen das Verhältnis von Computern zu Mitarbeitern besonders hoch oder besonders niedrig ist investieren in Virtualisierung. Dies ist etwa der Fall, wenn Mitarbeiter neben dem stationären Computer einen Laptop oder ein Smartphone nutzen, über die aufgrund der Virtualisierung immer auf dieselbe Arbeitsumgebung zugegriffen werden kann bzw. wenn sich mehrere Mitarbeiter einen Computer teilen. So kann dennoch jedem Mitarbeiter eine eigene Arbeitsumgebung geboten werden.

In den letzten Jahren hat sich die Virtualisierung hinsichtlich Performance, Flexibilität und Management der Technologie stark weiterentwickelt.[35] Neue und erweiterte Produkte von, unter anderen, Citrix Systems, Microsoft, Symantec, VMware, Oracle und Hewlett-Packard kamen auf den Markt. Bereits jetzt gibt es bei aktuellen Produkten, verglichen mit der Installation von Betriebssystemen und Anwendungen auf einem physischen Client, keine Leistungseinbußen mehr aufgrund von Virtualisierung.[36] Die Nutzung gestaltet sich für die Anwender einfach, da die VMs mittlerweile wie gewöhnliche Clients genutzt werden können.[37]

Wie bei vielen IT Lösungen gibt es aber auch bei der Virtualisierung häufig keine einzelne Lösung, die die individuellen Bedürfnisse eines Unternehmens abdeckt.[38] So set-

---

[33] Vgl. Bellovin (2006), S. 104 sowie Marshall (2007).

[34] Vgl. zu diesem Absatz Computer Economics Report (2010).

[35] Vgl. Kroeker (2009), S. 18, 20.

[36] Vgl. Scott u. a. (2003), S.176.

[37] Vgl. Computer Economics Report (2010), S. 3.

[38] Vgl. Miller, Pegah (2007), S. 259.

zen Unternehmen verschiedene Methoden ein, um den Bedürfnissen von verschiedenen Mitarbeitergruppen und Anforderungen von Anwendungen gerecht zu werden.[39]

3. Chancen und Herausforderungen der Virtualisierung

In den folgenden Abschnitten werden die Chancen, sowie Herausforderungen, die durch die zunehmende Virtualisierung von Arbeitsplätzen auftreten, erläutert. Es sei darauf hingewiesen, dass einige der Chancen und Herausforderungen auch für andere Bereiche der Virtualisierung, speziell der Virtualisierung von Servern, gelten.

3.1 Chancen

3.1.1 Kosteneinsparungen

Durch Virtualisierung können verschiedene Kosten gesenkt werden. Diese lassen sich in einmalige Kosten, sowie laufende Kosten, die dauerhaft oder regelmäßig anfallen, unterteilen lassen.

Zu den einmalig anfallenden Kosten zählt die Anschaffung von Hardware. Da bei Virtualisierung nur geringe Hardwareanforderungen an die Clients bestehen, sind diese günstiger.[40] Die Kosten für Clients sind daher geringer. Auch die Verwendung von günstigen Thin-Clients, die nicht mit allen oder schwächeren Komponenten eines normalen Clients ausgestattet sind, können verwendet werden.[41] Im Unternehmen bereits vorhandene Computer und Notebooks können länger genutzt werden und bieten trotz gegebenenfalls veralteter Hardware eine hohe Performance.[42] Außerdem wird eine Aufrüstung mit aktueller Hardware nicht mehr benötigt.[43] Durch die Verlängerung des Lebenszyklus der Clients entstehen seltener Ausgaben für den Kauf neuer Clients.

Bei den laufenden Kosten ergeben sich Einsparungen bezüglich der Energiekosten, sowie der Kosten für Verwaltung und Support der Clients.[44] Guster, Hemminger und Krzenski vergleichen den Energiebedarf von neun physischen Servern und einem Host,

---

[39] Vgl. Computer Economics Report (2010), S. 3.

[40] Vgl. zu diesem und dem folgenden Satz Computer Economics Report (2010), S. 2.

[41] Vgl. Computer Economics Report (2010), S. 4.

[42] Vgl. Miller, Pegah (2007), S. 255 -256.

[43] Vgl. Computer Economics Report (2010), S. 10.

[44] Vgl. Guster, Hemminger, Krzenski (2009), S. 133.

auf dem neun VMs mit denselben Aufgaben laufen.[45] Während die jährlichen Energie-kosten bei neun physischen Maschinen etwa $750 betragen, liegen diese bei der virtua-lisierten Lösung um 80% niedriger bei etwa $150.[46] Zusätzlich können auch die jährli-chen Kosten für die Kühlung der Systeme um 80% auf $79 gesenkt werden.

Auch die Kosten für den Support und die Verwaltung von Clients können gesenkt wer-den.[47] So wird etwa der Arbeitsaufwand bei der Einrichtung von neuen Arbeitsplätzen verringert, da auf dem am Arbeitsplatz genutzten Client keine Software installiert wer-den muss. Die jeweilige Arbeitsumgebung lässt sich aus einem standardisierten System-abbild erzeugen ohne dass dabei die Hardware beim jeweiligen Anwender bekannt sein muss, so dass allen Anwendern dieselbe Arbeitsumgebung zur Verfügung gestellt wird.[48] Die standardisierten VMs sollten dabei sämtliche Software inkludieren, die von allen Anwendern direkt oder indirekt genutzt wird, wie Textverarbeitungssoftware und Virenscanner.[49] Bei der Ausrollung von Software und Updates wird der Aufwand da-durch reduziert, dass diese vom Server automatisch auf alle VMs eingespielt werden können.[50] Für die IT-Abteilung entfallen somit triviale Aufgaben, wie das manuelle Update einer Anwendung auf einer Vielzahl von Clients.

Weitere Einsparungen ergeben sich dadurch, dass Anwender für Hardware-Updates oder eben genannte Wartungsarbeiten nicht mehr von der Arbeit abgehalten werden, da diese jederzeit am Server vorgenommen werden können.[51]

3.1.2 Sicherheit

Dadurch, dass die VMs nicht auf dem Client, sondern auf dem Server gespeichert und ausgeführt werden,[52] ergibt sich eine höhere Verfügbarkeit, sowie eine erhöhte Sicher-heit der Daten, da im Gegensatz zu Clients in Servern kritische Hardwarekomponenten, wie das Netzteil und Festplatten, redundant vorhanden sind.

---

[45] Vgl. Guster, Hemminger, Krzenski (2009).

[46] Vgl. zu diesem und dem folgenden Satz Guster, Hemminger, Krzenski (2009), S. 137.

[47] Vgl. Computer Economics Report (2010), S. 10.

[48] Vgl. Miller, Pegah (2007), S. 257.

[49] Vgl. Kotsovinos (2011), S. 62.

[50] Vgl. Kroeker (2009), S. 19.

[51] Vgl. Kotsovinos (2011), S. 61.

[52] Vgl. Computer Economics Report (2010), S. 2.

Außerdem kann durch Virtualisierung eine Trennung von verschiedenen Anwendungen erfolgen, indem diese auf unterschiedlichen virtuellen Maschinen installiert werden. Wird die Sicherheit eines Systems beeinträchtigt oder arbeitet ein Betriebssystem nicht weiter wie gewohnt, so werden die anderen Systeme nicht davon beeinträchtigt.[53] Aktivitäten von virtuellen Maschinen können geloggt werden, so dass die Maschinen bei einem Fehler auf den ursprünglichen Zustand zurückgesetzt werden können und bei Bedarf die ausgeführten Schritte im Rahmen eines Debuggings erneut ausgeführt werden können.[54] Auch im Rahmen der Disaster Recovery bietet die Virtualisierung Vorteile, da die wiederherzustellenden Computer nicht komplett neu eingerichtet werden müssen, sondern lediglich die VMs neu eingespielt werden muss.[55]

3.1.3 Flexibilität und Skalierbarkeit

Die virtuellen Arbeitsplätze sind auch außerhalb der Büroräume verfügbar, daher erhöht sich die Flexibilität der Mitarbeiter.[56] So können beispielsweise Mitarbeiter im Außendienst oder im Home Office mit der gewohnten Arbeitsumgebung arbeiten. Speziell diesen, aber auch anderen Mitarbeitern kann ermöglicht werden die eigene Hardware zum Arbeiten zu nutzen, indem statt mit dem privaten Betriebssystem mit einer VM des Unternehmens gearbeitet wird.[57] Nötig kann dies etwa bei einem temporären Ausfall der beruflichen Hardware werden. Der Zugriff auf den Arbeitsplatz kann dabei über klassische Computer oder Laptops erfolgen, ist jedoch auch über neue Geräte wie Tablets oder Smartphones möglich, die lediglich zur Darstellung der VM dienen.[58]

Auch auf veränderte Anforderungen kann flexibel reagiert werden.[59] Neue Anwendungen können flexibel in die VMs integriert werden und bei Bedarf lassen sich dem Anwender VMs mit unterschiedlichen Betriebssystemen bereitstellen, so dass Anwendungen, die unter verschiedenen Betriebssystemen laufen, verwendet werden können.[60]

---

[53] Vgl. Bellovin (2006), S. 104.

[54] Vgl. Kroeker (2009), S. 18.

[55] Vgl. Miller, Pegah (2007), S.255.

[56] Vgl. zu diesem und dem folgenden Satz Computer Economics Report (2010), S. 3.

[57] Vgl. Kroeker (2009), S. 19.

[58] Vgl. Computer Economics Report (2010), S. 3.

[59] Vgl. Kotsovinos (2011), S. 65.

[60] Vgl. Bellovin (2006), S. 104.

Bei zunehmenden Anforderungen bezüglich der Performance pro VM oder einer zunehmenden Anzahl an VMs kann das Rechenzentrum um zusätzliche Server erweitert werden und die VMs ohne oder mit nur einer geringen Zeit der Nichtverfügbarkeit von einem physischen Host auf einen anderen verschoben werden.[61] Es ergibt sich hierdurch eine verbesserte Skalierbarkeit der IT-Infrastruktur.[62]

3.1.4 Green IT

Virtualisierung leistet einen entscheidenden Beitrag zu einer erhöhten Energieeffizienz, die im Rahmen von Green IT angestrebt wird.[63] Selbst in Anwendungsgebieten, in denen eine hohe Rechenleistung benötigt wird, wie beispielsweise in multimedialen Anwendungsbereichen, wird diese nicht dauerhaft benötigt, so dass die durchschnittliche Auslastung des Computers gering ist.[64] Hierdurch ergibt sich im Zeitverlauf eine unterschiedlich starke Auslastung des Computers. Durch die Virtualisierung vieler Arbeitsplätze auf einem Server kann eine gleichmäßigere Auslastung erreicht werden.[65] Außerdem kann, im Gegensatz zu normalen Clients, durch den Einsatz von Thin-Clients der Energieverbrauch gesenkt werden.[66] Durch längere Lebenszyklen der Hardware wird des Weiteren die Menge des Elektroschrottes, der im Unternehmen entsteht, reduziert.

3.1.5 Sonstige

Durch die, in Abschnitt 3.1.1 bereits genannte, vereinfachte Ausrollung von neuer Software, können sich First-Mover-Vorteile ergeben.[67] Im Gegensatz zu Unternehmen, die keine Arbeitsplatzvirtualisierung nutzen, kann die neue Software schneller auf alle Arbeitsplätze verteilt werden.[68]

---

[61] Vgl. Kroeker (2009), S. 18 sowie Kotsovinos (2011), S. 61.

[62] Vgl. Miller, Pegah (2007), S.255.

[63] Vgl. Ruth (2009), S. 82 sowie Bose, Luo (2011), S. 43.

[64] Vgl. Miller, Pegah (2007), S. 255-256.

[65] Vgl. Bellovin (2006), S. 104.

[66] Vgl. Ruth (2009), S. 81-82.

[67] Vgl. Kotsovinos (2011), S. 62.

[68] Vgl. Kroeker (2009), S. 19.

3.2 Herausforderungen

3.2.1 Kosten

Durch Virtualisierung ergeben sich neben der Möglichkeit Kosten zu senken auch Herausforderungen durch neue oder durch Virtualisierung beeinflusste Kosten. So müssen etwa höhere Investitionen in das Netzwerk und Speicherlösungen investiert werden.[69] Außerdem muss das Betriebssystem für jede VM lizensiert werden.[70] Ist auf den Clients ebenfalls ein Betriebssystem installiert, so übersteigt die Anzahl der benötigten Lizenzen die Anzahl der Arbeitsplätze und vorhandene Lizenzmodelle müssen geprüft und gegebenenfalls optimiert werden.[71] Zusätzliche Kosten entstehen für die Lizensierung von Verwaltungstools für die VMs.

Durch die Kosten der Implementierung, der Komplexität der Entscheidung und der teilweise noch nicht vollständig ausgereiften Virtualisierungslösungen ergeben sich für Unternehmen weitere Risiken.[72] So können beispielsweise die Kosten für die Einführung schwer eingeschätzt werden.

3.2.2 Administration

Es besteht das Risiko, durch Virtualisierung den notwendigen administrativen Aufwand zu erhöhen,[73] sowie der Bildung von administration islands.[74] Diese bezeichnen Systeme, die anders als alle anderen Systeme verwaltet werden müssen, etwa weil eine Virtualisierung einer speziellen Software für eine Anwendergruppe nicht möglich ist.

Durch eine Virtualisierung der Arbeitsplätze wird außerdem die Anzahl der zu verwaltenden Systeme erhöht, da einerseits bestimmte Anwendungen häufig voneinander auf getrennte virtuelle Maschinen installiert werden,[75] andererseits neben den virtuellen Maschinen auf den Clients Betriebssysteme vorhanden sein können.[76] Für eine große

---

[69] Vgl. Computer Economics Report (2010), S. 10.

[70] Vgl. Miller, Pegah (2007), S. 259.

[71] Vgl. Kotsovinos (2011), S. 62.

[72] Vgl. zu diesem und dem folgenden Satz Computer Economics Report (2010), S. 2.

[73] Vgl. Bellovin (2006), S. 104.

[74] Vgl. zu diesem und dem folgenden Satz Kotsovinos (2011), S. 63.

[75] Vgl. Kotsovinos (2011), S. 62 - 63.

[76] Vgl. Smith, Ravi (2005), S. 36.

Anzahl virtueller Maschinen gibt es jedoch noch kein einzelnes System, welche alle Anforderungen eines Unternehmens erfüllt.[77] Während sich eine geringe Anzahl an virtuellen Maschinen noch über eine grafische Benutzeroberfläche verwalten lässt, müssen für eine größere Anzahl intelligente, automatisierte Lösungen entwickelt werden.[78] Große Softwareunternehmen arbeiten bereits an Software zum Management und zur Optimierung einer sehr hohen Anzahl an virtuellen Maschinen.[79] Durch die sich ändernden Administrationsaufgaben der Systeme muss auch innerhalb der Organisation der zuständigen Abteilungen eine Neuverteilung der Aufgaben stattfinden.[80] Während die Fehlersuche sich bei einem Client häufig relativ einfach ist, gestaltet sich diese bei virtuellen Systemen komplizierter, da zusätzlich zum Betriebssystem eine Reihe anderer Software, wie die Virtualisierungssoftware, die Speicherlösung und das Netzwerk, als Fehlerquellen in Betracht zu ziehen sind.

3.2.3 Sicherheit

Möglicherweise laufen aus Sicherheitsgründen Anwendungen in verschiedenen virtuellen Maschinen, die jedoch untereinander kommunizieren müssen. Hierzu müssen geeignete Schnittstellen geschaffen und kontrolliert werden.[81] Sicherheitssoftware und Hardware wie Firewalls werden weiterhin benötigt und bestehende Rechtekonzepte müssen bei Virtualisierung weiter beibehalten werden.

Bei Ausfällen der Server-Hardware ist bei nicht ausreichend geplanter Infrastruktur, bei der etwa keine redundanten Systeme existieren, unter Umständen die Möglichkeit zu Arbeiten für eine große Anzahl an Anwendern gefährdet.[82] Diese Situation ist auch durch Probleme mit der Virtualisierungs-Software denkbar.

---

[77] Vgl. Kotsovinos (2011), S. 63.

[78] Vgl. Kotsovinos (2011), S. 65.

[79] Vgl. Kroeker (2009), S. 20.

[80] Vgl. zu diesem und dem folgenden Satz Kotsovinos (2011), S. 64.

[81] Vgl. Bellovin (2006), S. 104.

[82] Vgl. zu diesem und dem folgenden Satz Kotsovinos (2011), S. 65.

3.2.4 Performance

Wie in Kapitel 2.4 erwähnt, müssen Anwender durch aktuelle Virtualisierungslösungen keine spürbaren Performanceeinbußen hinnehmen.[83] Für Anwendungen kann es hingegen erforderlich sein, dass bestimmte Aktionen, wie Datenbankabfragen, in wenigen Millisekunden ausgeführt werden können.[84] Besonders Speicherlösungen und Netzwerke müssen ausreichend dimensioniert sein, da diese durch viele VMs, die alle auf Netzwerke und Speicher zugreifen, stark ausgelastet werden.[85] Durch das Streamen von VMs wird die Auslastung des Netzwerks im Vergleich zur Auslastung ohne Virtualisierung erheblich erhöht.

In Bezug auf Speicherlösungen muss beachtet werden, dass bereits geringe Änderungen an Anwendungen große Auswirkungen auf die Speicherbelastung haben können.[86] Erhöhen sich bei einer Anwendung etwa die Schreib-/Lesezugriffe pro Sekunde auf die Festplatte um 5, so stellt dies für die Festplatte eines normalen Computers kein Problem dar. Sind jedoch 2.000 virtuelle Maschinen auf einer Speicherlösung vorhanden, so resultiert aus dieser geringen Veränderung eine Erhöhung der gesamten Zugriffe pro Sekunde um 10.000 mit potentiell verheerenden Auswirkungen. Durch aktuelle Festplattentechnologien wie Solid-State-Drives mit hohen Datendurchsätzen und geringen Zugriffszeiten kann dieses Risiko zwar verringert werden, jedoch sind diese zu teuer um als primäres Speichermedium genutzt zu werden. Änderungen an Anwendungen sollten vor der Einführung daher analysiert und bewertet werden.

3.2.5 Change Management

Da durch Virtualisierung fundamentale Änderungen an der IT Infrastruktur und teilweise auch bei der Anwendung erfolgen, müssen Aspekte des Change Managements beachtet werden.[87] Diese unterscheiden sich jedoch nicht in Aspekten, die aus anderen Änderungen, wie beispielsweise der Einführung einer neuen Software, resultieren. Daher

---

[83] Vgl. zu diesem und dem folgenden Satz Scott u. a. (2003), S.176.

[84] Vgl. Kroeker (2009), S. 20.

[85] Vgl. Kotsovinos (2011), S. 62, 64.

[86] Vgl. zu diesem und dem folgenden Satz Kotsovinos (2011), S. 64.

[87] Vgl. Kotsovinos (2011), S. 64.

wird an dieser Stelle nicht im Detail auf alle Aspekte eingegangen, ein entsprechendes Framework liefern unter anderem Benjamin und Levinson.[88]

4. Fazit und Ausblick

Im Rahmen dieser Arbeit wurde ein Überblick über verschiedene Virtualisierungsformen gegeben. Es wurde die Entwicklung von Arbeitsplätzen bis hin zur Virtualisierung eingegangen, sowie Chancen und Herausforderungen selbiger genannt. Die Virtualisierung von Arbeitsplätzen bietet Unternehmen eine Reihe von Chancen. Die Erfolgsrate der Unternehmen, die Arbeitsplätze virtualisieren ist hoch und häufig ist die Umsetzung der Lösungen sogar mit geringeren Kosten als erwartet verbunden.[89] Dennoch sollte die Entscheidung, Arbeitsplätze zu virtualisieren, von verschiedenen Faktoren abhängig gemacht werden. Zu diesen zählen unter anderem die verfügbaren Tools, mit denen die virtuellen Maschinen verwaltet werden können, benötigte Performance, Unterstützung der Virtualisierung von den benötigten Plattformen, Optionen der Migration bestehender Arbeitsplätze auf virtuelle Maschinen, Management der verfügbaren Ressourcen, Isolation von Systemen und Anwendungen, sowie Sicherheitsaspekte. Um mehrere Umstrukturierungen der IT zu vermeiden, könnte Virtualisierung etwa zusammen mit dem Umstieg auf ein neues Betriebssystem in Pilotprojekten durchgeführt werden.

Da bisher in der Regel jedoch keine Virtualisierungslösung existiert, die alle Anforderungen eines Unternehmens abdeckt, muss die Kombination verschiedener Lösungen gewählt werden oder auf die Entwicklung einer Lösung gewartet werden, die diese abdeckt.[90] Auf der Anbieterseite müssen daher Lösungen bereitgestellt werden, die zu den Bedürfnissen der Unternehmen passen und die Möglichkeit bieten, hunderte oder sogar Millionen von virtuellen Maschinen zu verwalten.[91] Hierbei sind vor allem die Standarisierung, Automation und Integration wichtige Bestandteile.

Neue Möglichkeiten der Virtualisierung von Arbeitsplätzen ergeben sich unter anderem durch die zunehmende Verbreitung von neuen mobilen Geräten, wie Smartphones oder Tablets, und dem Ausbau mobiler Internetzugänge.

---

[88] Vgl. Benjamin, Levinson (1995), S. 23-33.

[89] Vgl. Computer Economics Report (2010), S. 1,7-8.

[90] Vgl. Kotsovinos (2011), S. 63.

[91] Vgl. zu diesem und dem folgenden Satz Kotsovinos (2011), S. 65.

Weiterer Forschungsbedarf besteht bezüglich der Gewichtung von Chancen und Herausforderungen, da die genannten Aspekte in der Literatur meist nur Oberflächlich betrachtet werden, an einer genaueren Betrachtung mangelt es. Mit Hilfe von Fallstudien und der Analyse der Ergebnisse könnten Chancen und Herausforderungen in unterschiedlichen Anwendungsformen gewichtet werden und Best Practices bei der Einführung erarbeitet werden. Auch Methoden und Kennzahlen zur Messung des Erfolgs können erforscht werden.

Literaturverzeichnis

Armbrust u. a. (2010)

    Michael Armbrust, Ion Stoica, Matei Zaharia, Armando Fox, Rean Griffith, Anthony D. Joseph, Randy Katz, Andy Konwinski, Gunho Lee, David Patterson, Ariel Rabkin: A view of cloud computing. In: Communications of the ACM. Nr. 4, Jg. 53, 2010, S. 50-58

Bellovin (2006)

    Steven M. Bellovin: Virtual machines, virtual security? In: Communications of the ACM. Nr. 10, Jg. 49, 2006, S. 104

Benjamin, Levinson (1993)

    Robert I. Benjamin, Eliot Levinson: A Framework for Managing IT-Enabled Change. In: Sloan Management Review. Nr. 4, Jg. 34, 1993, S. 23-33

Bose, Luo (2011)

    Ranjit Bose, Xin Luo: Integrative framework for assessing firms' potential to undertake Green IT initiatives via virtualization – A theoretical perspective. In: The Journal of Strategic Information Systems. Nr. 1, Jg. 20, 2011, S. 38-54

Computer Economics Report (2010)

    Computer Economics Report: Desktop Virtualization Deployment Rising Sharply. In: Computer Economics Report. Nr. 10, Jg. 23, 2010, S. 1-11

Goldberg (1974)

    Robert P. Goldberg: Survey of virtual machine research. In: Computer. Nr. 6, Jg. 7, 1974, S. 34-45

Guster, Hemminger, Krzenski (2009)

    Dennis Guster, Corey Hemminger, Sara Krzenski: Using Virtualization to Reduce Data Center Infrastructure and Promote Green Computing. In: International Journal of Business Research. Nr. 6, Jg. 9, 2009, S. 133-139

Hayes (2008)

    Brian Hayes: Cloud computing. In: Communications of the ACM. Nr. 7, Jg. 51, 2008, S. 9-11

Kotsovinos (2011)

    Evangelos Kotsovinos: Virtualization: Blessing or Curse? In: Communications of the ACM. Nr. 1, Jg. 54, 2011, S. 61-65

Kroeker (2009)

    Kirk L. Kroeker: The evolution of virtualization. In: Communications of the ACM. Nr. 3, Jg. 52, 2009, S. 18-20

Luftman (2011)

    Jerry Luftman: IT Trends Survey. Orlando 2011

Lunsford (2009)

    Dale L. Lunsford: Virtualization Technologies in Information Systems Education. In: Journal of Information Systems Education. Nr. 3, Jg. 20, 2009, S. 339-348

Marshall (2007)

    David Marshall: Gartner Says Virtualization will Top IT Agenda Until 2010. http://www.infoworld.com/d/virtualization/gartner-says-virtualization-will-top-it-agenda-until-2010-630, Abruf am 30.12.2012

Miller, Pegah (2007)

    Karissa Miller, Mahmoud Pegah: Virtualization: virtually at the desktop. In: ACM (Hrsg.): Proceedings of the 35th annual ACM SIGUCCS fall conference. New York, NY 2007, S. 255-260

Park, Eo, Lee (2012)

Sang-Hyun Park, Jaekyung Eo, Joosung J. Lee: Assessing and Managing an Organization's Green IT Maturity. In: MIS Quarterly Executive. Nr. 3, Jg. 11, 2012, S. 127-140

Popek, Goldberg (1974)

Gerald J. Popek, Robert P. Goldberg: Formal requirements for virtualizable third generation architectures. In: Communications of the ACM. Nr. 7, Jg. 17, 1974, S. 412-421

Ruth (2009)

Stephen Ruth: Green IT More Than a Three Percent Solution? In: IEEE Internet Computing. Nr. 4, Jg. 13, 2009, S. 74-78

Scott u. a. (2003)

Michael Scott, Larry Peterson, Paul Barham, Boris Dragovic, Keir Fraser, Steven Hand, Tim Harris, Alex Ho, Rolf Neugebauer, Ian Pratt, Andrew Warfield: Xen and the art of virtualization. In: ACM (Hrsg.): Proceedings of the nineteenth ACM symposium on Operating systems principles - SOSP '03, 19.10.2003, Bolton Landing. New York, NY 2003, S. 164

Smith, Ravi Nair (2005)

J.E Smith, Ravi Nair: The architecture of virtual machines. In: Computer. Nr. 5, Jg. 38, 2005, S. 32-38

Thesenpapier

1. Virtualisierung sollte zusammen mit der Einführung eines neuen Betriebssystems erfolgen um Anwender nicht doppelt schulen zu müssen.

2. Durch die Virtualisierung von Arbeitsplätzen wird in den kommenden Jahren die bestehende IT-Infrastruktur in Unternehmen komplett verändert.

3. Unternehmen sollten bei der Virtualisierung von Arbeitsplätzen diese in Rechenzentren in der Cloud auslagern, da diese günstiger gemietet werden können als ein eigenes Rechenzentrum zu betrieben werden können